이별 후애(愛)
그립다
우리가 다시 사랑할 수 있을까?

이별 후애(愛)
그립다
우리가 다시 사랑할 수 있을까?

박재연 에세이

〞 여는 글

사랑을 했다.
참 행복했다.

사랑을 지키기엔
내가 너무 부족했다.

돌아가기엔
이미 많이 와버렸다.

흐려진 얼굴
너 없이도 너를 좋아한다.

모든 것은 변한다.
성장되어 더 예쁜 모습으로

사랑이 나타나길 바람 해 본다.
아픈 사랑아 너도 그러길 빈다.

흔들리는 삶의 나침반은
올바른 방향을 찾고 있다.

나에게 귀 기울이기
지금 잘 하지 않아도 괜찮아.

내가 지금 뿌리는 씨앗이 건강하다면
언젠가 땅을 만나 꽃을 피우겠지.

이 가을에
내가 성장하고 내가 익어간다.

여는 글   004

01 공터에 뜬 무지개

길	016
탓	018
달	020
꿈	022
척	024
돌	025
꽃	027
짐	028
색	030

02 수신되지 않는 섬

결말	034
바램	036
진심	038
시간	040
용기	041
새장	042
한숨	044
열쇠	045
기도	046
열정	048
상처	050
소원	052
선택	054
소설	056
터널	057

03 한 그리움이 다른 그리움에게

조급	060
명작	062
연인	064
눈물 1	065
편지	066
사과	068
베팅	070
거리	071
현실	072
눈물 2	074
네가	075
뮤즈	076
다시	078
흉내	080

04 건널 수 없는 바다

기다림	084
깨달음	086
메모장	088
고무줄	090
이상형	091
아까워	092
두려움	094
나침반	096
내마음	097
사랑병	098
노랫말	099
눈처럼	100
어떻게	101

05 가슴 속 긴 울음

빈틈없이	104
하루하루	105
좋은인연	106
하루일과	108
의미부여	111
술래잡기	112
퍼즐사랑	114
대체불가	116
끄적끄적	117
사물놀이	118
기적처럼	121
알고있니	122

06 먹먹한 사랑 하얀 그리움

성숙한 여자	126
프로필 뮤직	128
사랑의 정의	129
사랑의 방식	130
마음의 시간	132
놓기로 했다	134
사랑하는 법	135
마르지 않길	136
긍정 마인드	137
되돌리고 픈	138
우연이라도	140
강아지처럼	141
마지막이길	142

07 침묵을 껴입은 나무

사랑은 타이밍	146
나무 같은 사람	147
마법 같은 사람	148
글을 쓰는 이유	150
지나는 길 꽃집에서	152
내 손을 잡아주렴	155
이해하는 중 1	156
이해하는 중 2	158
노력으로 안 되는 것	160
아무리 생각해도	161
못다 핀 꽃 한 송이	162

목차

길
탓
달
꿈
척
돌
꽃
짐
색

01
공터에 뜬 무지개

길

쓰고 있던 소설은 이별 후
쓰고 있지 않아.
남자주인공은 나였고
여자주인공은 너였으니까.

그 소설의 끝은 해피엔딩이었지.
그런데 여자주인공이 중도 하차한 소설은
더 이상 해피엔딩일 수 없으니까.

네가 생각할 시간이 필요하다 했을 때
그 때 그 시간이 내게는 얼마나 길게 느껴졌는지 모르지.

내 조급했던 마음이
너를 더 힘들게 했을 거야.

너는 내게
또 다른 길을 알려줬어.

지금은
내가 느끼는
내가 쓸 수 있는
모든 것들을 쓰고 있어.

여러 갈래의 길 중에
조금이라도 즐겁게 갈수 있는 길을 찾은 느낌이야.

그 길에
이젠
네가 함께 할 수 없지만.

탓

나는 참 못난 놈이다.
너와 헤어졌을 때
부모님 앞에 울면서 스스로를 탓했던 적이 있어.
부모님은 그런 날 보며
참으로 안타까워 하셨지.

네가 떠나던 날
친한 형과 통화하면서
울며
신세 한탄을 했지.

그 형은 내가 더 아깝다며
세상에 여자 많다고
위로를 해주다가
그 형과 같이 봤던 영화의 대사를 동시에 말했어.
'세상에 여자가 많으면 뭐해 네가 아닌데'

울면서 느낀 건데
울고 있는 나의모습이 너무 못났더라.

더 이상 울지 않기로 다짐했지만
멜로장르를 좋아하다 보니
영화나 드라마를 보게 되면
니가 생각나서 또 많이 울었어.

   내 탓도
   니 탓만도 아니지
   우리 모두의 탓이겠지.

달

나는 달을 좋아해.

너랑 만날 때
너와 함께 찍었던
달 사진이 아직도 생생해.

그런데
오늘은
그 달이 날 위로 해주네.

괜찮을 거라고
앞으로
잘 될 거라고.

나는 달에게 빌었지.
다시
너를
만날 수 있게 해달라고.

1부

꿈

너를 만나고
나의 꿈은
나를 위한 꿈에서
내가 너와 함께 할 수 있는
꿈을 꾸게 되었지.

때로
생각에 얽 메이고
힘들었어도
나만을 위했을 때보다
즐거웠었지.

어느 날
너라는 신세계가
내 안에 들어옴으로써
나는 너무 행복했었지.

우리가
함께할
꿈을 상상하면서

척

이별 후에
나답지 않게
감정을 다 숨기고 살아.

괜찮은 척
보고 싶지 않은 척
슬프지 않은 척

돌

너와 나의 사랑을
돌에 새겼다.
절대로
지워지지 않을 거다.

틈이 생겼을 뿐

꽃

사랑도
꽃처럼 피고 지는 맘이기에
겨울이 가고
다시 봄이 오면

나를 좋아했던 그 마음이
다시 활짝 피어나길
그때는 쉽게 져버리지 않게

정성으로
사랑으로
조심조심

보살피겠다는 다짐을
크게 해본다.

짐

추억을
짐으로 남겨놓은
이별 후 애(愛)
참으로 무겁다.

1부

색

너의 색
나의 색
만나
함께
물들었지.

너의 색이
빠지고
나의 색은
새까맣게
변해버렸어.

너의 색이
다시 돌아오길
나의 색이
다시 돌아가길

함께
다시
물들어 가길.

결말
바램
진심
시간
용기
새장
한숨
열쇠
기도
열정
상처
소원
선택
소설
터널

02
수신되지 않는 섬

결말

소설을 읽노라면
나도 모르게
빨리 결말을 보고 싶어진다.

스토리 끝에 반전이
그것이 궁금해서다.

너와 내가 만든 소설
그 스토리 초반
너와 나는 사랑을 했다.

생각지도 못한 이별
후에
생각지 못한
반전을 기대하고 있는지도 모른다.

바램

지금이라도
너에게서 연락이 온다면

나는
바로
칼 답을 하고
자존심 다 버리고
너에게
갈 것이다.

아마도
어색함 없이
웃으면서
널
볼 수 있을 거야.

진심

너의 눈을 보면
진실한 마음이 느껴졌지

너의
눈을 보고
말하고 싶다.

보고 싶었다고
너무 좋아한다고

그렇게
진심을 담아

너의 눈을 보며
말하고 싶다.

2부

시간

시간이 지나도
여전히 너는
내안에서 아름답다.

시간이 지나도
여전히 너는
내 맘은 황홀하다.

얼마나 더
너를 그리워해야
빗겨간 시간이
돌아올 수 있을까?

용기

평화의 상징
간디 선생님께서
말씀하신거야.

"겁쟁이는 사랑을 드러낼 용기가 없다
사랑은 용기 있는 자의 특권이다."

내가
용기 좀
내봐도 되겠니?

새장

지나는 길에
예쁜 새와 마주쳤다.

처음에는
그저 예뻐서
시간이 지날수록
너무나 소중해서
새장에 넣어놓고
지켜보는 것 같았다.

내 눈치만 보는 것 같은
예쁜 새가 들어있는
새장의 문을 여는 순간
높이 날아갔다.

순간
내게서 날아간
너를 생각했다.

다시 돌아오게 된다면
마음속 빗장을 풀고
훨훨 넓은 사랑을 줘야지.

한숨

한숨을
깊게 내 풀었다.

다시 한 번
널
내 안에
깊게 담았다가
내 놓는다.

열쇠

닫혔던
내 마음을
스스럼없이
열었던 너

이제는
텅 빈 상태로
잠겨버린 내 마음

너라는 열쇠로
다시 문을 열고
내 마음을
다시 채워줄 수는 없을까

기도

좋은
기억 밖에 없는데
넌
왜
나를
떠났을까

다시
만날 수 있길
매일
기도하며
하루를
마무리 하곤 하지.

2부

열정

사랑이라는 이름의 유리
이별이라는 충격으로 깨졌지.

마음이라는 모래성은
슬픔이라는 파도로 무너져 내렸지.

너를 향한
내 마음은 뜨거웠는데
바위처럼 단단했는데

비온 뒤에
땅이 굳듯이

우리가
다시 만난다면

처음처럼
그렇게
다시 뜨거울 수 있을까.

상처

한 결 같이
너의 곁을 지켜줄 지신이 있어서
너에게 고백했었지.

내가
너에게
내가 받았던 상처들을
안겨주지 않을 자신이 있는지 없는지
스스로를 의심하면서
너의 곁에 다가가기까지
꽤 오래 걸렸는데

상처를
너에게
나에게
남기고 말았다.

2부

소원

매일
매일
소원한다.

한해의
마지막 보름달을
함께
볼 수 있게 해달라고

2부

선택

살면서
여러 가지 선택을 하게 되지.

선택 후에
되돌릴 수 없음에
후회도 하게 되고
후회를 하면서도
되돌아가도 같은 선택을 했을 거라며
합리화하는 내 모습을 바라보기도 하지.

난
여전히
너를 사랑하고 있고
되돌아가도

난
너를
사랑할 테니까.

2부

소설

우리라는
한 권의 이야기 속에
발단
전개
위기
절정
결말
이
있지

터널

어둡고
긴
터널 끝에
출구가 있듯
나의
길고
어두운
기다림 끝에도
너라는
출구가
있길

조급
명작
연인
눈물1
편지
사과
베팅
거리
현실
눈물2
네가
뮤즈
다시
흉내

03
한 그리움이
다른 그리움에게

조급

내
전부를
빠른
시간에
다
보여주고
싶었다.

그러면
네가
내 곁에
더
오래
머무를 줄
알았다.

명작

관심에서
사랑으로
빠지는
그
아름다운
날들 보다

이별 후에
다가오는
아픈 여운이
더
길다.

너와
내가
만든
작품이
명작인가보다.

계속
보고
싶다.

연인

연인이란
사랑의
꽃이
시들지 않도록
노력하고
또
노력해야 하는
관계

눈물1

어릴 때는
몸이 아프면
울었던 것 같다.

나이가 들어가는
지금은
그리움에 뒤척일 때
아무것도 하지 않을 때
잠 못 이루는 새벽이면
몸에는 상처 하나 없는데
눈물이 난다.

편지

머릿속에
어질러져 있는
너에게
전하고
싶은 말들
입 밖으로
수십 번
되 뇌이며
혹시
실수한 문장은
없는지
살펴보고
어떻게 하면
나의

진심이
너에게
더
잘 닿을까
고민하며
쓰고
또
쓰는
편지

3부

사과

이제 와서
누구의 잘못을
따진다는 건
중요하지 않다고
생각해

나는
나의 잘못을 인정하고
너에게
사과하고 싶어

내가
너를
이해하고
배려한다고 했던 행동들이
집착이고
간섭이었을 수도 있었다고 느껴

다퉜던
다투면서 했던 행동들
모두 다
사과할 게
미안했어

베팅

안 될 것을
알면서도
혹시나
하는 마음으로
베팅을 하듯이

내
온 마음을
너에게
베팅하여
잃었다.

다
잃었다.

거리

너와
나의
거리는
얼마나
될까?

현실

너와
내가
만든
추억들

버리기엔
그렇고
계속
만지작거릴 수만도 없는

이러지도
저러지도
못하는
난감한
현실

눈물2

눈부시게
아름다운 가을 날
눈물을
꾸 우 욱
참는다.

마음속
고인
눈물이
홍수 되어
그저
흘러
나온다.

네가

사랑이었다.
기쁜 순간
슬픈 순간
모든 감정이
절박해질 때는
언제나
네가
떠올랐다.

뮤즈

너는
나의 뮤즈
나에게
영감을 주는
소중한 존재

너에게
닿기를
고대하는
마음으로
글을 써

너는
나의 뮤즈
나에게
지탱할 힘을 주는
소중한 존재

꽃집을
지날 때마다
너에게
꽃을 전해줄 수 있으면
얼마나 좋을까
상상을 해

다시

소중한 것은
잃어버리기 전에는
소중한지 모르더라고
잃고 나서 후회할 뿐

나에게 너는 참 소중했어.
지금도 소중하고
너에게 나도 소중했을지 궁금하네.

많이 후회 하고
깨닫고 있으니까
처음으로 돌아 가
다시
나한테
와줬으면 해.

3부

흉내

"사랑하는 법을 모르면 받기만 해."
"내가 주는 거 받는 것부터 시작해."

어느 드라마에서
잘 생긴 남자주인공이 했던 대사야.

말만 들어도 멋있는데
잘 생긴 배우가 말을 하니
얼마나 더 멋있었겠어.

나도 멋있어지고 싶다.
그래서
가끔은 흉내를 내 보곤 하지
흉내를 내다보면

나도 모르게 체화되어
그 배우처럼 멋있어질 수 있겠지.

어때?
그럴 수 있겠지.

기다림
깨달음
메모장
고무줄
이상형
아까워
두려움
나침반
내마음
사랑병
노랫말
눈처럼
어떻게

04
건널 수 없는 바다

기다림

기다림 끝에
네가 나에게
올지도
오지 않을지도
모르지

그래도
나는
기다리고 있어

널
만날 때
널
향한 내 마음이
과했던 거 알아

아직도
널
생각하면
벅차오르는 마음이야.

내가
널
많이 사랑했던
그때의 기억과 느낌을 간직한 채
오늘도 기다리고 있어

4부

깨달음

너만
있어도
충분했는데

너에게
바라는 게
많아지는
나를 보며

어느 순간부터
집착이라고
느꼈겠지

너만
있으면
그거면
충분했는데

돌아보니
참
욕심이
많았네.

4부

메모장

너와
만날 때

너에게
잘 보이고 싶은 마음에
적었던
메모장을
보게 됐네.

네가 싫어하는 것
좋아하는 것들을
적었지

기억하고
챙겨 주려했던
그때 그 마음이
불현듯 생각이 나네.

4부

고무줄

자꾸
밀어내도
너에게
가고 있어.

계속
밀어내도
너에게로
향한
내 마음은
늘어난다.

이상형

이상형은
쉽게
바뀌지 않는다.

그래서일까
너를 닮은
다른 사람을
찾고 있는
나를
발견하고는
흠칫
놀라곤 한다.

이상형은
쉽게
바뀌지 않는다.

아까워

너 없이
보내는 시간이
너무
아까워.

그 시간이
너무
느리고
재미없고
심심해.

두려움

먼저
연락하고 싶지만
너의 기분을
나쁘게 할까봐
사이가 더 멀어질까봐
두려워.

어느 영화에선가
어린아이가
"걱정 말아요 어른이 뭐가 두려워요"
그러자
할아버지는
"두려움에는 어른이 따로 없단다." 답했지.

나는
네게
먼저
연락하는 것이
너무
두려워.

4부

나침반

네가
떠난 후
내 사랑의
나침반
방향을
잡지 못한 채
흔들리고
있어

내마음

내가 널
좋아하니까
너도 나
좋아해라
이게 아니라
내 감정이 그렇다고.

너를 향한
내 마음이
조절이 안 돼.

그냥 마음이
시키는 대로 가려구
상처뿐일지라도.

사랑병

감기에 걸리면
약이라도 있지
이별에는
약이 없다.

시간이 약이라고?
시간을
아무리 삼켜도
아프다
난.

노랫말

슬프지 않을 때는
멜로디가 들리고
슬플 때는 가사가 들린다는
말을 들은 적이 있어.

이별노래 가사가
모두 내이야기 같아
귀로 들어와
가슴으로 흐르며
아프게 하지.

아프다
정말 많이
그저 눈물이
흐르는 걸
어쩔 수 없어.

눈처럼

눈처럼
소리 없이
내 맘에 내려앉아

내 맘을
차갑게 얼리고 간 너

겨울이 지나면
봄이 오듯
얼은 내 맘에도
봄이 찾아와
스르르 내 맘이 녹길

어떻게

널
사랑하는
마음만
앞섰지
그 사랑을
어떻게
해야 하고
어떻게
지켜야할지를
몰랐었어

빈틈없이
하루하루
좋은인연
하루일과
의미부여
술래잡기
퍼즐사랑
대체불가
끄적끄적
사물놀이
기적처럼
알고있니

05
가슴 속 긴 울음

빈틈없이

빈틈없이
너를
채워주고 싶었다.

그것이
답답해서
떠난 걸까.

빈틈없이
나를 가득 채웠던
네가 떠난
그 곳으로
오늘도
서늘한 바람이 분다.

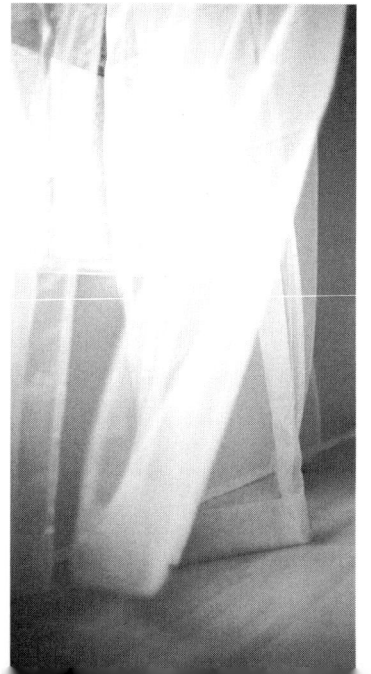

하루하루

하루하루
하루하루
너에게서
연락이
오길
기다리고
있어.

좋은인연

좋
은
인
연

기
다
릴
게

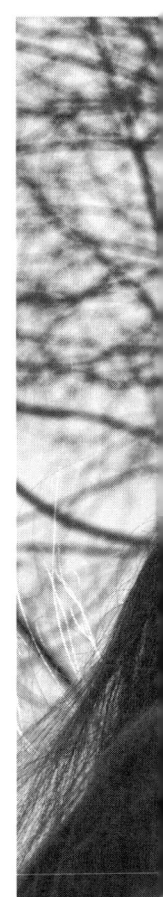

5부

하루일과

잘 지내고 있니?
너와 이별 후
네가 돌아오는
상상을
하루도 빠지지 않고
셀 수 없을 정도로
많이 했어.

너의 빈자리를
다른 사람으로
채워 보려고도 했지만
채울 수 없었어.
아니
채워지질 않았어.

나는
여전히
너의 생각으로
눈을 뜨고
하루일과
잠이 들지.

의미부여

내가 원하는
나 좋을 대로
생각한다.

내 부족한 글들이
네게로 건너가
너의 마음을
움직였으면 하는
의미를 부여하며
글을 쓰곤 하지.

술래잡기

나에게서
멀어지는
너를
잡으려
애써보지만

너는
점점
멀어져

너무
꼭꼭
숨지 마

내가
너를
찾을 수 있게.

퍼즐사랑

한 조각
한 조각
퍼즐로
완성될 그림을
알 수 없듯이

한 조각이라도
부족하면
그림은
완성되지 못하듯이

우리 만남이
완성된 그림은 아니어도
잊지 말고

단 한 조각의
퍼즐이라도
기억해 주길

5부

대체불가

너에게
얻은
기쁨
그
어떤 것으로도
대신할 수 없다.

끄적끄적

오늘도
추억 속을
거닐며
끄적끄적
널
적는다.

사물놀이

그토록
너를
다시
만나길 원해왔는데

이젠
다시 만나기
두려워진다.

다시 만나는 그때
서로의 기대치가 달라
또 다시
이별을 마주할까봐.

일어나지도 않은 일로
소설을 쓴다.
결말까지
북치고
장구치고
꽹가리까지…

기적처럼

영화에서는
대부분 그래
헤어진 연인들
그 주인공은
많이 그리워 해
그리고는
다시
만나 사랑을 하게 되지
뻔한 스토리지만
그런 영화 같은 일이
내게도 기적처럼 일어나기를
바래.
기적이 나타나기를.

알고있니

내가
너를
얼마나
좋아하는지
알고있니.

내가
우리
사랑을
얼마나
지키고 싶어 했는지
알고있니.

5부

성숙한 여자
프로필 뮤직
사랑의 정의
사랑의 방식
마음의 시간
놓기로 했다
사랑하는 법
마르지 않길
긍정 마인드
되돌리고 픈
우연이라도
강아지처럼
마지막이길

06
먹먹한 사랑
하얀 그리움

성숙한 여자

너와 나의 만남
너는 나와 달리
정말 성숙했었어.

너와
만나고
있을 때는
느끼지 못했어.

내 눈에는
그저 귀여운 소녀였으니까.

애정전선에
문제가 감지되었을 때
느꼈지.

나보다
너는
성숙한 사람이라는 것을.

프로필 뮤직

너와
헤어진 후
하루에도
몇 번씩
프로필 뮤직을
바꿨어.

노랫말처럼
내가 너를
생각하고 있다고.

네가 본다면
그렇게 느끼길 바라면서.
지금도 몇 번씩 바꿔.

사랑의 정의

사랑이
뭐냐고?
사랑은
바로
너야.

6부

사랑의 방식

사람마다
저마다의
살아가는
방식이 있듯

사랑의 방식도
제각각
다
다르다고
생각해.

너와
나의
사랑방식에
우리를 대입하자.

마음의 시간

시간은
주저 없이
잘도
흐른다.

마음의 시간은
아직
너와의 추억에
살고 있는데

내가
보고
듣고
느끼는

모든 것에
여전히
너는
흐르고 있어.

6부

놓기로 했다

놓기로 했다.

나를
아프게 한
너를

불편하게 한
모든 감정들을
그냥
놓기로 했다.

사랑하는 법

너와
이별 후에
나는
사랑하는 법을
깨달았다.

너를
만나기 전에
사랑하는 법을
알았더라면.

마르지 않길

너에게로
흐르는
사랑의 물길이
마르지 않길

궁정 마인드

나는
너를
다시
만날 수
있을 거라
믿고 있어.

되돌리고 픈

너를 기다렸어.
외로움에 힘들어
다른 사람으로
채워보려고도 했었지.

하지만
그것이
너에게
맘을 다했던 그 시간이
아깝고 그리워서
절대로
너를 놓을 수 없었지.

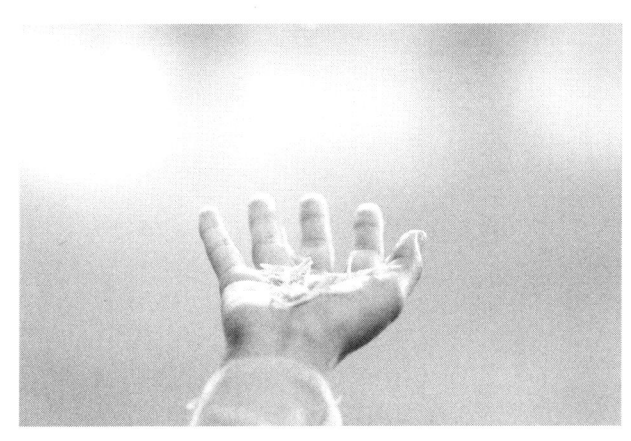

내 모든 걸
다 주고서라도
되돌려
다시 흘러가고 싶은 시간이야.

내 곁에
머물러 줬던 그 시간들
너무나 소중하고
정말로 고마워.

우연이라도

네가
좋아했었던 곳

너와
함께 갔었던 곳을
한동안 맴 돌았어.

혹시
우연이라도
한번이라도
마주치지 않을까 해서.

강아지처럼

주인을
기다리는
강아지처럼
나는
여전히
널
그리워하고 있어.

마지막이길

어느 날
너무 예쁜
네가
나에게로 왔다.

많이 좋아하고
사랑하게 됐지.

네가
나에게
마지막 사랑이길
진심으로 바랬어.

6부

사랑은 타이밍
나무 같은 사람
마법 같은 사람
글을 쓰는 이유
지나는 길 꽃집에서
내 손을 잡아주렴
이해하는 중1
이해하는 중2
아무리 생각해도
노력으로 안 되는 것
못다 핀 꽃 한 송이

07
침묵을 껴입은 나무

사랑은 타이밍

사랑은
타이밍이라고들 하지.

노랫말도 그렇고
맞는 말이라고 느껴.

사랑은
타이밍이 중요해.

나무 같은 사람

너에게
나는
나무 같은
사람이고 싶었지.

그 누가
알아주지
않아도
꿋꿋이
우뚝
서 있는

나무 같은
그런 사람이고 싶었지.

마법 같은 사람

평범한 일상을
특별하게
만들어 준 사람

밥을 먹는 일
길을 걷는 일
소소한 일상이

너로 인해
모두
특별해졌지.

너는
모든 일상을
특별하게 만드는
마법 같은 사람이었지.

그 때
그 시간들을
잊기는
정말
어려울 것 같아.

7부

글을 쓰는 이유

글을 쓰고 있으면
어질러진 머릿속이
정리되는 기분이야.

보고
듣고
느끼는
모든 것을
한 없이 펼칠 수가 있지.

떠나지 않고
머물러 있는
네가
떠오를 때마다

글을 쓰노라면
내 심장은
널뛰기 하지.

7부

지나는 길 꽃집에서

지나는 길 꽃집에서
장미꽃들을 보니
불현듯
장미 같은
네 생각이 났어.

'열렬한 사랑'
장미 꽃말
장미 같은 너라서
우리의 사랑도
열렬히
지속될 것 같은
장미 같은 너라서

지나는 길
꽃집에서…

내 손을 잡아주렴

네 손을 잡으려면
내 손에 있는 걸 놓아야
잡을 수 있지.

지금
내손은 비어 있어
내 손을 잡아주렴.

이해하는 중 1

내 마음대로
이해하고
행동하는 중이야.

그래도
그래도
안 되는 게 있어.

잠시라도
내게
다시 관심을

그런다면
너에게
다
쏟아 붓고
싶다.

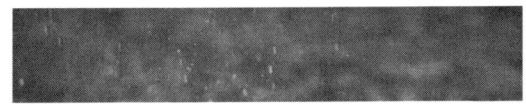

이해하는 중 2

주위
사람들이
모두
헛된 수고라고 하네.

그런데
수고의 헛됨이
어디 있나?

필요한 것은
받아들이지만
내 마음은
그냥
모두
너에게 흘러.

너의 마음을
움직일 수 있게 할
더
좋은 글은
왜
안 되는 걸까.

노력으로 안 되는 것

사랑은 노력으로
다
되는 게
아닌가 봐.

헤어지지 않으려는
노력 말고
그냥
너를
사랑했었어야 했어.

아무리 생각해도

아무리

생각해도

고민을

해봐도

생각

그

너머

고민

끝에는

네가

있어.

못다 핀 꽃 한 송이

어느 날
유튜브를 통해
엄마 아빠 세대
노래를 접한 적이 있지.

'못다 핀 꽃 한 송이'

노랫말을 들으며
떠오른 사람은
바로 너였다.

너와의 만남
사랑은
내게 있어
못다 핀 꽃 한 송이다.

이별 후애(愛) | 박재연 에세이

발행일 초판 1쇄 발행 2019년 12월 10일
지은이 박재연

펴낸이 이영옥
편 집 이설화
펴낸곳 도서출판 이든북
전 화 042 · 222 · 2536
팩 스 042 · 222 · 2530
주 소 (34625)대전광역시 동구 태전로 30 광진빌딩 2층

등록번호 제2001-000003호
이메일 eden-book@daum.net

ⓒ 박재연, 2019

ISBN 979-11-90532-00-6

값 12,000원

· 잘못된 책은 바꾸어드립니다.
· 이 책 내용과 사진 전부 또는 일부를 재사용하려면 반드시 저작권자와
  이든북 양측의 동의를 받아야 합니다.

이 도서의 국립중앙도서관 출판예정도서목록(CIP)은 서지정보유통지원시스템 홈페이지(http://seoji.nl.go.kr)와 국가자료종합목록 구축시스템(http://kolis-net.nl.go.kr)에서 이용하실 수 있습니다. (CIP제어번호 : CIP2019049454)